L'État et l'École

Monopole ou Contrôle

Par Paul BROUSSE

Député de Paris

PRIX : 10 CENTIMES

En vente

Aux Bureaux du journal *Le Prolétaire*

9, Rue Flatters, 9, PARIS

1910

L'État et l'École

Monopole ou Contrôle

Par Paul BROUSSE

Député de Paris

———

PRIX : **10** CENTIMES

———

En vente :

Aux Bureaux du journal *Le Prolétaire*

9, Rue Flatters, 9; PARIS

1910

L'État et l'École

Monopole ou Contrôle

Le président du Conseil, au cours de la discussion générale du budget, eut une phrase jolie d'allure soulignée d'un geste agressif : « Nous mettrons l'école laïque à l'abri de vos coups ;... nous pénétrerons dans vos écoles ! »

Pourquoi faire ?

Avec vos inspecteurs, vous y entrez déjà ? Et vous n'y faites rien. Parce que dans l'état de la législation vous n'y pouvez rien faire. Il vous faudrait des lois nouvelles ; tout une nouvelle législation ? Alors pourquoi ne pas aller directement au monopole ? Le cléricalisme lutte, en ce moment, pour la vie. Pour lui, désarmer, c'est mourir.

Il est menacé de mort parce que l'éducation et l'enseignement de l'enfant lui échappent en France, et ailleurs. Dans tel pays, le Vatican fait fusiller les gens, brûler les livres. Dans tel autre il en est réduit à calomnier, à proscrire, à chercher une guerre civile (1).

Voyons ces choses d'un peu près.

En France, une loi de laïcité et d'obligation prescrit, dans son article premier, le programme minimum d'enseignement nécessaire ; mais si elle organise *l'instruction obligatoire* elle n'impose pas *l'école obligatoire*. Il y a là une lacune par où tout est compromis.

La loi du 28 mars 1882, trace le programme scolaire : instruction civique et morale, données essentielles d'histoire, de géographie, de sciences naturelles, d'hygiène, de droit, d'économie politique, etc. Bref, ce que la loi de 1791 formulait ainsi : « Les parties d'enseignement indispensables pour tous les hommes. »

A des enfants qui ont appris de gens compétents et sincères ces rudiments,

---

(1) *Notes*. Le corps électoral se détourne : Jean Macé disait de l'Ecole laïque : « Elle ne fera pas les « élections ; elle fera les électeurs ». Cette prophétie a commencé à se réaliser en 1906. Il y a quatre ans, entrèrent en ligne les premiers rangs des électeurs nouveaux sortis de l'Ecole laïque, simple avant-garde. Les premiers bataillons apparaîtront sur le champ de bataille aux élections de 1910.

L'Ecole ne fut laïcisée que par la loi du 30 octobre 1886 applicable dans un délai de cinq ans, soit en 1891. Les enfants entrés à l'école à cette époque avaient six ans. Ils n'ont atteint leur majorité qu'en 1906. En 1910, voteront les promotions entrées à l'Ecole laïque de 1892 à 1895.

l'approche des grossièretés cultuelles est sans péril. Un spiritualisme élevé, une philosophie religieuse pourront survivre partout où la science humaine laisse encore des inconnues; mais le mysticisme vulgaire, l'idole, le Dieu fait à l'image de l'animal ou le Dieu fait homme provoqueraient des risées. Ceci, c'est la fin du culte extérieur; la mort de l'influence de Rome.

Inde iræ.

Mais si la loi du 28 mars 1882 rend l'enseignement primaire obligatoire, la charge de le distribuer est confiée à divers : « il peut être donné dans les écoles *publiques* ou *libres,* soit dans les *familles,* par le père lui-même ou par toute personne qu'il aura choisie. » La loi s'assure que la famille fait son devoir au moyen d'un examen annuel qu'elle institue par son article 16. Mais, si, dans les écoles publiques, le Gouvernement surveille son personnel, il n'exerce son contrôle dans les écoles libres que dans les limites où il s'est laissé enfermer par la loi.

Voici les textes :

« Les personnes préposées par la loi à l'inspection des établissements d'instruction primaire ont le droit de se faire présenter, *dans les écoles privées,* les livres en usage et les cahiers d'élèves. Elles dressent procès-verbal de toutes les contraventions qu'elles connaissent. Si la contravention consiste dans l'emploi d'un livre interdit, conformément à l'article 5 de la loi du 27 février 1880, ce livre peut être saisi; il est joint aux procès-verbaux (art. 167, décret du 30 octobre 1886). »

Attendez !

« Le Conseil supérieur de l'Instruction publique donne son avis sur les livres d'enseignement, de lecture et de prix qui doivent être interdits dans les écoles libres *comme contraires à la morale, à la Constitution et aux lois.* (Art. 5 du décret de 1886) ».

Et la loi du 30 octobre 1886 qui a organisé le service de l'inspection scolaire, enferme dans les mêmes limites le contrôle de l'Etat :

« Celle (l'inspection) des écoles privées porte sur la morale, l'hygiène, la salubrité et sur l'exécution des obligations imposées à ces écoles par la loi du 21 mars 1882. *Elle ne peut porter sur l'enseignement que pour vérifier s'il n'est pas contraire à la morale, à la Constitution et aux lois.* »

A la condition de ne porter atteinte ni à la morale, ni à la Constitution, ni aux lois, on peut donc impunément, *dans les écoles privées,* enseigner aux enfants la géologie de la genèse, les sciences naturelles de la Bible et l'histoire de compère Loriquet !

Pénétrez dans les écoles libres avec vos 444 inspecteurs, Monsieur le président du Conseil, courbés déjà, enfouis dans une paperasserie ridicule et dites-nous ce qu'ils y pourront faire ? On comprend maintenant la raison du calme relatif que gardait le parti romain à l'endroit de notre législation scolaire. Il se contentait d'entourer les enfants à la sortie de l'école laïque, de les attirer aux patronages religieux. Il comptait sur l'extension graduelle du nombre des écoles privées, où tout enseignement leur est permis. Chose énorme !

Mais une statistique scolaire récente est venue montrer à la gent cléricale toute l'étendue du désastre et la grandeur de son péril.

Voici les chiffres :

Parmi les écoles publiques, en 1843, on comptait 38,095 écoles laïques et seulement 4,625 écoles congréganistes. Vint la République et la loi Falloux (1850), et le nombre des écoles publiques congréganistes atteignit bientôt (1853) le chiffre de 14,669 ! Les lois et décrets de la Troisième République ont mis bon ordre à cette situation.

Le nombre des écoles publiques laïques atteint 68,128 en 1907, et le nombre des écoles publiques congréganistes descend encore, par simple tolérance, à 452.

En 1843, il y avait en France 14,130 écoles privées laïques et 2,988 écoles privées congréganistes, la loi Falloux et sa liberté fameuse de l'enseignement modifièrent ces chiffres. On compta, en 1901-1902, 2,568 écoles privées laïques et 14,817 écoles privées congréganistes. Survient heureusement la législation sur les congrégations et, en 1906-1907, le nombre des écoles privées laïques est de 11,583, et celui des écoles privées congréganistes de 1,490. Les instituteurs religieux ont changé de costume ! N'empêche que le parti clérical, dans cette mascarade, a tout de même perdu, de 1902 à 1907, plus de 3,000 écoles privées, et qu'il en perd chaque jour de nouvelles.

Je demande pardon au lecteur de cet étalage de chiffres (2). Mais, au prix de l'ennui de les lire, il peut se convaincre de la menace qu'ils sont pour le pouvoir romain, et cela fournit la clef de la furieuse campagne organisée contre l'école laïque.

Quelle législation de garantie doit

____

(2) Voir à l'Annexe.

préparer le Gouvernement de la République ? Le contrôle organisé de l'école libre ou le monopole de l'enseignement primaire ? A quelque parti qu'il s'arrête, nous le croyons obligé de demander au Parlement des crédits spéciaux et des lois nouvelles.

Tandis que l'épiscopat, de gallican devenu serf de Rome, usera ses forces inutilement contre le roc de l'école laïque bétonné par le bloc républicain, il faut, selon les bonnes règles tactiques, prendre l'offensive et attaquer avec vigueur.

Nous sommes en présence, dans les écoles privées, dirigées par des laïques *pour de bon* ou par des laïques *pour de rire* d'un million d'élèves. Tous doivent recevoir avec des maîtres sincères, les rudiments énumérés à l'art 1er de la loi d'obligation de mars 1882.

On peut : ou multiplier le nombre des inspecteurs. Ils sont 444 pour cinq millions d'élèves ! Et faire voter des *Addenda* à la loi de 1886 sur l'inspection. Ou faire le monopole et dépenser 400 millions en construction scolaires et en création de nouveaux emplois.

A nos yeux, comme il y faudra nécessairement arriver, nous préférons grimper de suite au monopole et nous pensons que le problème financier qu'il soulève peut être résolu.

De ce qu'il serait coûteux de transformer sur le champ en écoles publiques toutes les écoles privées, il n'est pas légitime de conclure à l'impossibilité de faire cette opération graduellement.

Entre une entreprise particulière, point de départ, et son service public-terminus où la conduit la loi de l'évolution sociale, il existe des étapes intermédiaires.

Entre une entreprise et sa régie directe, il y a, en régie indirecte, le régime de la concession.

Entre l'école privée, et en attendant *l'école publique* pour ce million d'élèves dont nous avons la charge, on pourrait créer le régime intermédiaire de l'école concédée.

Annoncez demain la suppression de toute école libre, organisez sous forme de concession à des particuliers ou à des associations laïques, aux termes d'un cahier des charges avec un contrôle sévère, des écoles, les unes payantes, les autres gratuites, avec l'obligation de devenir, à des dates fixes autant d'écoles publiques et vous arriverez facilement, tout en tenant compte des exigences de vos budgets, à vous acheminer vers le monopole final.

A la phrase coquette, mais un peu vaine de M. lé Président du Conseil, je préférerais un geste sûr, efficace. Plus de menaces, la main dessus.

Paul BROUSSE,

Député de Paris.

Annexe

Statistiques relatives à l'Enseignement
PRIMAIRE

Les Écoles :

1829	30.536 écoles
1832	42.092 —

(Loi du 28 juin 1833, Guizot)

1833	52.779 écoles
1863	68.761 —

(Ministère Duruy)

1866	70.671 écoles

(Perte de l'Alsace-Lorraine)

1872	70.179 écoles
1877	71.547 —

(Lois scolaires républicaines)

1902	85.232 écoles

(Suppression des écoles congréganistes)

1906-1907	81.653 écoles

Ecoles publiques laïques seulement :

1843	38.095 écoles
1876	51.732 —
1901	64.288 —

*(Substitution d'écoles laïques publiques
aux écoles congréganistes publiques)*

1906-1907 .... 68.128 écoles

Ecoles publiques congréganistes seulement :

1843 .... 4.625 écoles

(Loi Falloux, 15 mars 1850)

1853 .... 14.649 écoles

1898-1905 .... 4.110 —

*(Décret du 7 juin 1902, loi du 7 juillet
1904, de la congrégation)*

1906-1907 .... 452 écoles
(presque toutes de filles)

Ecoles privées laïques :

1843 .... 14.130 écoles

1901-1902 .... 2.568 —

(Lois et décrets sur les Congrégations)

1906-1907 .... 11.583 écoles

Ecoles privées congréganistes :

1843 .... 2.988 écoles

1877-1878 .... 7.073 —

1901-1902 .... 14.817 —

(Lois et décrets sur les Congrégations)

1906-1907 .... 1.490 écoles

Instituteurs et institutrices :

1837 .... 59.735
1872 .... 110.238
1877 .... 110.709
1901-1902 .... 159.073
(*Lois et décrets sur les Congrégations*)
1906-1907 .... 151.914 écoles

Personnel laïque seulement :

1843 .... 40.831
1872 .... 50.260
1881-1882 .... 69.260
1901-1902 .... 102.917
(*Lois et décrets sur les Congrégations*)
1906-1907 .... 114.719

Personnel congréganiste attaché aux écoles publiques :

1843 .... 9.615
(*Loi du 15 mars 1850*)
1863 .... 25.525
1876-1877 .... 26.817
1901-1902 .... 5.597
1906-1907 788

Écoles privées laïques :

1843 .... 17.746
1900-1901 .... 6.392
(*Lois et décrets sur les Congrégations*)
1906-1907 .... 30.419 écoles

Ecoles privées congréganistes :

1843 .... 7.343
1872 .... 22.278
1901 .... 44.056

(Lois et décrets sur les Congrégations)

1906-1907 .... 5.988 écoles

Les Élèves :

1843 .... 3.164.000 élèves

1866 .... 4.515.000 —
1872 .... 4.722.000 —
1888-1905 .... 5.623.000 —
1901-1902 .... 5.627.000 —
1906-1907 .... 5.585.000 —

Les élèves d'écoles publiques laïques :

1850 .... élèves
1860 .... —
1876-1877 .... —
1878-1879 .... 3.027.000 —
1888-1889 .... 3.916.000 —
1899-1900 .... 3.953.000 —
1900-1901 .... —

(Lois et décrets sur les Congrégations)

1906-1907 .... 4.542.000 élèves

Les élèves des écoles publiques congréganistes :

1850 .... 677.000 élèves
1866 .... 1.151.000 —
1876-1877 .... 1.628.000 —
1878-1879 .... » —
1895-1900 .... » —
1900-1906 .... 285.000 —

(Lois et décrets)

1906-1907 .... 40.000 —

Les élèves des écoles privées laïques :

1850 .... 443.000 élèves
1900-1901 .... 118.600 —
1906-1907 .... 40.000 —

Les élèves des écoles privées congréganistes :

1850 .... 277.000 élèves
1900-1901 .... 1.257.000 —

(Lois et décrets)

1906-1907 .... 187.000 élèves

L'Émancipatrice, 3, r. de Pondichéry. — 7805-12-1910.

www.ingramcontent.com/pod-product-compliance
Lightning Source LLC
Chambersburg PA
CBHW051444060726
47596CB00006B/2620